나의 작은 스승들

- 박민아 씀 -

· 프롤로그 003

· 나의 작은 스승들 006

· 에필로그 184

Prologue

누군가의 글을 읽는다는 것은
정성과 시간을 요구하는 것이기에 감사한 일이다.
그렇기에 이 글을 읽는 그대에게 먼저 감사한 마음을 전하는 바이다.

이 글은 내가 10년 넘게 경영했던
어린이집 인스타그램에 올렸던 글의 일부를 발췌하여 엮었다.

흠 많은 한 인간이
티 없고 순결한 아이들을 바라보며 느꼈던 감정과
아이들과의 생활에서 얻게 된 깨달음이다.

서투른 글이지만,
부디 내 인생의 작은 스승들을 그대들도 만날 수 있기를
조심스레 바라본다.

나의 작은 스승들

My Little Teachers

너의 손끝에서
한 송이의 꽃이 피었다.

자녀를 키우는 부모라면
아이들 말 너머에 있는
마음을 읽어줄 줄 알아야 한다.

아이들은 나무고,
부모는 정원사다.

정원사가 제아무리 열심을 다해도
꽃을 피우고, 열매를 맺는 건
결국 나무의 일이다.

아이들은 꽃을 닮았습니다.

생김새는 다르지만, 모든 꽃이 아름답듯
생김새는 다르지만, 모든 아이가 아름답습니다.

꽃을 다루듯
소중히. 예쁘게.
우리 아이들을 다뤄주세요.

아이들은 작은 것에도 큰 기쁨을 느낍니다.

아이들의 해맑은 웃음소리를 들으며,
오늘도 아이들을 통해 배웁니다.

나의 작은 스승들

아이들은 모두 하나같이 다릅니다.

나팔꽃처럼 뱅글뱅글 타고 올라가는 아이에게
왜 해바라기처럼 꿋꿋하게 서서
태양을 바라보지 못하냐고 다그친다면
나팔꽃의 아름다움은 볼 수 없듯이

다름을 인정하고 바라봐주면 됩니다.
다른 것일 뿐 절대 틀린 것이 아닙니다.

너는 꽃이란다.

봄에 피는 꽃이 있고,
여름에 피는 꽃이 있고,
가을에 피는 꽃이 있고,
겨울에 피는 꽃이 있듯,
나는 너의 계절이 있다고 믿는단다.

다른 이가 먼저 꽃을 피웠다고
결코 조급해하거나 낙담하지 않기를.
꿋꿋이 노력하고, 준비하고, 기다리면서
너의 시간에. 너의 계절에
가장 아름답고 멋진 꽃이 되어 피길 기도한다.

구석진 어린이집 벽면에 자란
개나리 덕분에 칙칙한 벽도
멋진 배경이 됩니다.

이처럼 우리 아이들도
존재 자체로 인해
가족과 그 주변이 밝아지기를 기도합니다.

나의 작은 스승들

사랑하는 아이들아.
이 세상을 살아가면서
크고 작은 장애물이 나타나더라도
두려워하거나 주저하지 말고,
지금처럼 웃으면서 하나, 하나 넘어가는
지혜와 용기가 있기를 기도한단다.

아이들은 기분이 나쁘면
울음이나 악을 쓰며 분노를 표출합니다.

결코 잘못된 것이 아닙니다.
누구에게나 있는 당연한 감정입니다.

하지만,
아이의 감정표출에 어떻게 반응하는지에 따라
아이를 성장시킬 수도 있고,
아이를 반항적으로 키울 수도 있습니다.

부모의 역할은.
선생의 역할은.
어른의 역할은.

아이의 감정에 함께 요동치지 않고,
잠잠히 기다리면서
바른 가르침만 주면 됩니다.

그것이 이 시대에 필요한 훈육입니다.

바쁜 마음에.
답답한 마음에.
안쓰러운 마음에.
부모는 서툰 아이 대신 해줍니다.

하지만, 기억해야 할 것은
자녀의 발달은 그만큼 늦어진다는 것입니다.

아이들은 기다려주는 만큼 성장합니다.

나의 작은 스승들

누가 가르쳐주지도 않았는데도
나팔꽃 한 송이가 스스로 감고 올라가 꽃을 피웠습니다.

저는 꽃을 보면 아이들이 생각납니다.

아이들의 계절만 다를 뿐,
모든 아이는 이처럼 자기의 시간에 맞춰 꽃을 피울 거예요.

나의 작은 스승들

준비도, 수업도, 연습도 없이
아빠 엄마가 되었습니다.

그 작디작은 몸을
어떻게 안아야 하는지.
기저귀는 어떻게 갈아야 하는지.
어떻게 놀아줘야 하는지.

모든 것이 낯설고 두려웠을 그대들이었을 테지만,
헌신적인 사랑으로 우리 아이들은 너무나 아름답게 자랐고,
지금, 이 순간에도 잘 성장하고 있습니다.

잘하고 계십니다.

나의 작은 스승들

상담하면 부모님들의 마음이 느껴져 옵니다.

아빠도, 엄마도 처음인 그대들은
점수판 없는 시험대에 올려진 것 같을 것입니다.
또래보다 더 늦으면 엄마 탓 같습니다.
이상 행동이 발견되면 잘못 키운 것 같습니다.
아이들과 가장 많은 시간을 보내는 엄마는
자책하며, 죄인이 됩니다.

그러지 마세요.

소심하다는 말은
신중하다는 것입니다.
산만하다는 말은
새로운 자극을 찾는 상태인 것입니다.
무모하다는 말은
도전 정신이 있다는 것입니다.
공격적이다는 말은
자기 보호 본능이 강하다는 것입니다.

장점과 단점은 바라보기 나름입니다.
장점의 시각으로만 바라봐주세요.

그대여, 아주 잘하고 있습니다.

매번 상담할 때면
저는 아이들을 꽃에 비유합니다.
계절마다 보는 꽃이 다르듯
우리 아이들이라는 꽃의 계절은 따로 있습니다.

왜 너는 진달래가 아니냐고 비교하기보단
내 자녀가 어떤 꽃인지를 먼저 알고
자녀가 자신의 계절에 예쁜 꽃을 피울 수 있도록
도와주는 것이 부모와 교사의 역할이라고 생각합니다.

비교하지 마세요.
조급해하지 마세요.

부모를 똑 닮은 꽃을 피울 것이기에
먼저 부모가
예쁜 꽃이 되어 자녀에게 보여주세요.

부모가 잘못한 후 사과를 하면
아이들은 잘 용서해 준다.

아이들의 마음이 더 넓어서?
아이들이 이해를 더 잘해줘서?
아니다.

아이들이 부모를 더 사랑해서다.
부모 없이는 살 수 없다는 것을
본능적으로 아는 약자이기에 그런 것이다.

그러니 어른은 어른답게.
부모는 부모답게 좀 더 신중하게 자신을 살펴
자녀에게 상처 주는 일을 줄여가자.

상처는 어떤 모양으로도 남는다.

후- 하고 불면 날아가 버릴 홀씨처럼
자녀의 성장도 바람 한숨 거리에 있다.

지금이 아니면
나중도 없다.

그러니 많이 안아주자.
매일 사랑한다고 말해 주자.

아이를 행복하게 키우려면
엄마 스스로가 행복해야 한다.
아이를 똑똑하게 키우려면
엄마 스스로가 공부해야 한다.
아이를 잘 키우려 하기 전에
엄마 스스로 잘 커야 한다.

아이는 행복한 엄마로부터
행복한 에너지를 받기 때문이다.

먼 훗날
어린 시절을 떠올릴 때,

높은 하늘과
푸른 나무들과
달콤한 바람과
따뜻한 선생들의 눈빛이 생각나
마음이 따뜻해지기를.
그렇게 위로가 되어주기를 기도한다.

모든 발달은 자립으로의 길입니다.

꽃이 예쁘다고
꽃의 뿌리는 꽃을 감싸고 있지 않습니다.
묵묵히 영양분을 제공할 뿐이죠.

우리 아이들과 부모님들처럼요.

뿌리만 흔들리지 않는다면
아이들은 스스로 꽃을 피웁니다.

조금 늦게 걸어도 괜찮아요.
조금 늦게 말해도 괜찮아요.
조금 늦어도 괜찮아요.
언젠가는 다 할 수 있는 날이 옵니다.

기다려주세요.

그거 아니?

네가 웃어주면
나는 마치
좋은 사람이 된 듯 해.

칭찬이라는 포장지를 씌워
자녀를 평가하면 안 된다.

저는 홀씨를 좋아합니다.

봄을 알리는 예쁜 노란 꽃이었다가
하얀 지혜가 내려앉을 때쯤
현재에 안주하지 않고 날아갈 채비를 하는
홀씨를 좋아합니다.

지금의 봄날은 더 따뜻하여
여기에 더 머물고 싶을 텐데도
바람 한숨에 미련도 없이 흩어져
내년을 준비하는
홀씨를 좋아합니다.

꽁꽁 언 땅을 누가 녹이나 했더니
너였구나.

꽃이 사람으로 태어났다면
너와 같은 모습이었을 거야.

희망이 있는 곳에 웃음이 있다.

사랑에 빠지는 순간은
거대한 이벤트를 통해서가 아닌
소소한 감동이 전달되었을 때다.

그리고 너는 사랑이었다.

나의 작은 스승들

눈만 깜짝여도 예쁜.
숨만 쉬어도 예쁜.
밥만 먹어도 예쁜.
똥만 싸도 예쁜.
울어도 예쁜.
웃어도 예쁜.
뭘 해도 예쁜
너.

자연 속에서
자연과 함께 자라는
아이는
자연을 닮아간다.

오로지.

오롯이.

너만 보인다.

같은 온기를 느끼며
너는 나를
나도 너를
사랑하고 있음을.

그렇게 말없이
서로의 발가락을 꼼지락거리며
마음을 나눴다.

마음 놓고 치댈 수 있다면.
마음 놓고 안길 수 있다면.
마음 놓고 기댈 수 있다면.

또 다른 엄마.
그런 존재면 됩니다.

하늘을 보면서 자라는
아이들의 한계는
언제나 하늘 끝에 있다.

아무리 멋지고 비싼 장난감이라도
자연에서 얻은 놀잇감을 이기지 못한다.

봄햇살에 표정이 있다면
이런 모습일테지.

숨만 쉬어도 예쁜 아가들.
눈만 깜짝여도 예쁜 아가들.
손짓 하나도 예쁜 아가들.

너희들은 그랬다.
존재 자체가 기적인 것이다.

나의 작은 스승들

실습 선생님들께 꼭 당부하는 말이 있습니다.

아이들이 집중하고 있을 때
"뭐 하고 있어?"라며
절대 흐름을 깨지 말라고 부탁합니다.

아이들이 관찰을 통해
어떤 창의적인 생각과 사고가 형성될는지
우리는 감히 상상조차 할 수 없기에
우리 교사와 부모는 아이들의 집중하는 시간을
인정하고, 배려하고, 기다려줘야 합니다.

누구에게나

삶이 노래가 되는 순간이 있다.

너와 함께 있을 그때다.

너에겐 태평양보다 더 넓어 보였을 이 등이
먼 훗날 너보다 작아질 때
너는 오늘의 이날을 기억할까.

너의 모든 감정들을
가슴으로 끌어안아 주는 이 선생을
그날의 너는 기억할까.

진정한 기도는
내가 나를 위해 하는 기도가 아닌
내가 너를 위해 하는 기도다.

그렇기에 나는 매일 너희들을 위해 기도한다.

부모는 부모에게서
자녀를 독립시켜야 하는 동시에
부모 자신도
자녀로부터 독립할 수 있어야 한다.

이 세상에서 돈으로 살 수 없는
제일 귀중한 것이 있다면,

그것은 우리 아이들의 미소겠지요.

아이들은
성장시키는 대상이 아니라
기다려줘야 하는 대상이다.

어쩜 너는.

앞모습도 예쁘고

옆모습도 예쁘고

뒷모습도 예쁘니.

행복해서 웃는 것이 아니라
웃어서 행복하다는 것을
이 아이들을 통해 배웁니다.

아이들은 비눗방울을 잡으려다 놓쳤다고 해서 속상해하지 않습니다.
아이들은 비눗방울을 잡으려다 터졌다고 해서 포기하지 않습니다.

비눗방울이 있는 한
우리 아이들은 쉼 없는 웃음소리를 내며
끊임없이 도전합니다.

어쩌면 어른들보다 아이들은 이미 세상을 더 바르게 잘 살고 있었습니다.

나의 작은 스승들

비눗방울을 대하는 우리 아이들의 자세를 보며 배웁니다.

아이들은 금방 터져버리는 비눗방울의 아쉬움을 생각하지 않습니다.
지금, 이 순간을 영원처럼 생각합니다.

아이들은 금방 터져버리는 비눗방울의 허무함을 쫒지 않습니다.
지금, 이 순간 영롱한 비눗방울의 아름다움을 좇습니다.

우리 아이들은
지금이라는 이 순간.
현재를 살아갑니다.

결이 선한 아이들 뒤에는
선한 결의 부모가 있었다.

나의 작은 스승들

좋은 부모는 연령 발달에 맞춰
잘 성장시켜 주는 사람이라고 생각했던 적이 있었다.

잘못된 생각이었다.

아이들은
성장시키는 대상이 아니라
기다려줘야 하는 대상이다.

정작 성장시켜야 할 사람은
아이들이 아닌 부모 자신이다.

내가 잘 성숙하는 만큼
내 자녀는 잘 성장했다.

저는 선생이기에 앞서
두 아이의 엄마입니다.

그렇기에 저 역시도 두 아이를
다른 사람들의 손에 맡겨야 하는 상황에 놓입니다.
그런 제가 이미 하고 있고
가까운 지인들에게 추천하는 방법이 있습니다.

바로 어린이집이든, 유치원이든, 학원이든,
우리 아이들을 맡길 곳에
상담보다 더 중하게 볼 것은 바로
그곳을 이미 이용하고 있는
아이들의 표정을 보는 것입니다.

어른들은 '척'이 가능하지만
우리 아이들은 '척'이 불가능하기 때문이죠.

아이들의 표정에는 그곳에서의 시간이 오롯이 담겨 있습니다.

나의 작은 스승들

심쿵!

이러면 내 심장이 살아남질 못하잖니.

아이들은
그 무엇도 완벽하지 않으면서
모든 것이 완벽하다.

축복한다, 너의 길을.
응원한다, 너의 삶을.

아이를 낳았다고 해서 부모가 되는 것은 아닙니다.

부모가 된다는 것은 정말이지 멀고도 험한 길입니다.
우리 아이에게 최고의 것을 주고 싶은 것이 부모의 마음일 테지만,
그 마음 이전에 부모와 교사는
자기의 마음을 돌아보고,
자신의 감정을 절제하고, 통제할 수 있어야 한다고 생각합니다.
그렇게 하여 무고한 약자인 우리 아이들이
어른들의 분노에 따른 희생양이 되어서는 결단코 안 될 것입니다.

이 작디작은 손이
훗날 큰 일을 이뤄내리란 걸 알기에.

나의 작은 스승들

아이들은 한참 잘 놀다가도 이따금
선생님에게 와서 안겨 쉴 때가 있습니다.

저는 이 시간을
"사랑 충전 시간"이라고 생각합니다.

내가 사랑하는 이 사람도 나를 사랑하는지 확인하는 시간이며,
그의 마음과 나의 마음이 닿을 때
아이들은 정서적 평안함을 느낍니다.

그리고 정서적으로 안정감이 있는 아이들은 모든 일을 할 때
자신감 넘치며, 적극적으로 임하게 됩니다

자녀를 안아주는 시간을 많이 가져주세요.
자녀의 성장은 부모를 기다려주지 않습니다.

자녀의 시간은 어른의 시간보다 빠릅니다.

아이들은 뛰어놀아야 한다.

아이들을 방안에 가둬놓는 건
아이들의 건강을.
아이들의 호기심을.
아이들의 시각을.
아이들의 창의성을.
가둬놓는 것과 동일하다.

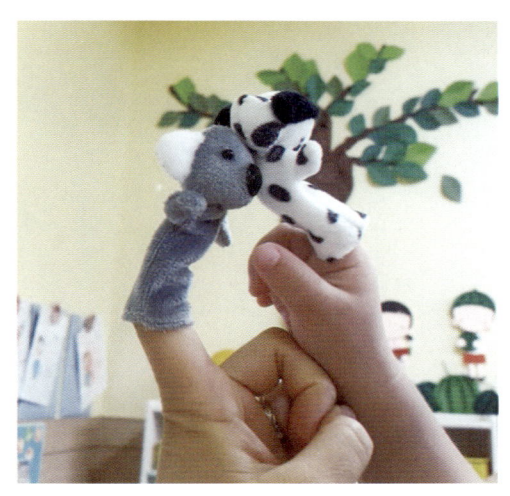

눈과 눈이 마주칠 때
마음과 마음이 통한다.

아이들은 아무것도 아닌 것도
의미 있는 무언가로 만들어 내는 재능이 있습니다.

자연과 가장 어울리는 이들은
바로 우리 아이들입니다.

인간은 결핍을 통해 성장한다.

그러므로 자녀가 성장하길 원한다면
모든 것을 다 대신 해주고, 불편한 요소를 제거하기보단
약간의 결핍을 둬서 자녀가 스스로 해낼 수 있게 해야 한다.

잊지 말자.

내가 하면 노동이지만,
자녀가 하면 발달이다.

삶의 모든 것에는 배움이 숨겨져 있다.

그것을 알아채는 눈과
그것을 담아내는 마음과
그것을 옮길 수 있는 행동력을
우리 아이들은 이미 갖췄다.

그렇기에 어제보다 오늘 더 나은 사람으로 성장해 가는 것이다.

나의 작은 스승들

자연은
아이들에게 가장 큰 선물이다.

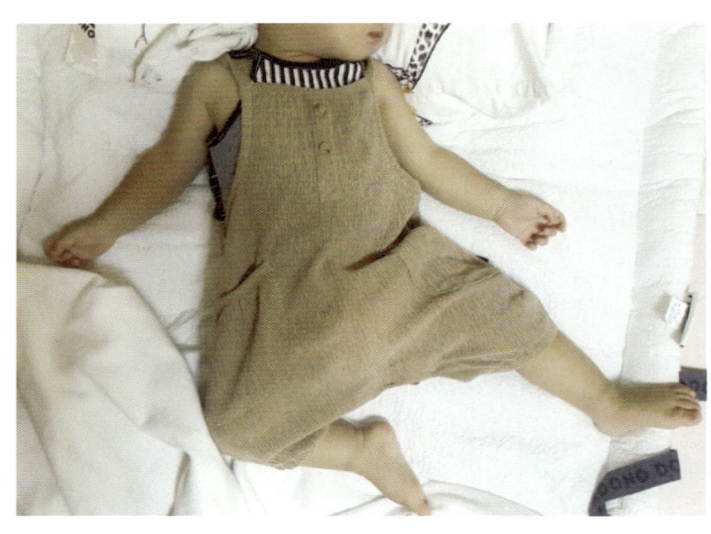

천사도 잠을 자는구나.

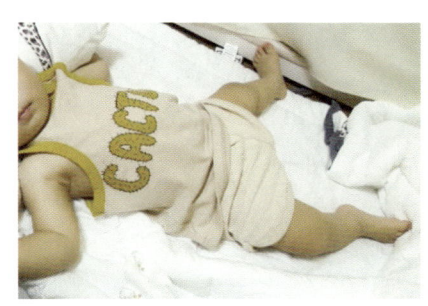

아기 냄새.
모든 것이 완벽하다.

숨 쉴 때마다 들리는 숨소리.
숨 쉴 때마다 들썩이는 어깨.
숨 쉴 때마다 볼록해지는 배.

흔들흔들.
하지만 포기하지 않습니다.

살아가면서 필요한 것 중 하나가 '균형'이라는 것을
우리 아이들은 이미 알고 있는 듯합니다.

가장 평범한 일상이
가장 특별한 날이었습니다.

나의 작은 스승들

활동 하나하나에 집중하여 진지한 모습을 볼 때마다
'아이처럼 살아야겠다'라고 생각하며 배운다.

진지하다는 것은
집중한다는 것일 테고,
집중한다는 것은
이 순간을 온전히 살아간다는 것.

매 순간을 이렇게 진지하게 살아간다면
인생은 참으로 풍성해질 테지.

천사들은 눈에 보이지 않는다고

누가 그래요?

지식은 책에서 배우지만,
지혜는 자연에서 배웁니다.

시간이 멈춰버린 것 같은 이 순간.
세상이 멈춰버린 것 같은 이 순간.
아이들은 성장하고 있다.

아이들이 가장 아름다울 때.
아이들이 가장 빛을 발할 때.
아이들이 가장 행복할 때는
자연 속에서 놀 때입니다.

하늘과 꽃나무 아래서
자라는 아이들의 정서는 자연을 닮습니다.

변하는 여러 계절을 접하며
변화 앞에서 두려움도, 머뭇거림도 없습니다.
그렇게 성장하지요.

짓궂은 여러 날씨를 경험하며
삶의 풍파도 견디다 보면 지나가리란 걸 알게 됩니다.

그렇게 성장합니다.

사랑은

받는 것이 아니라

주는 것이다.

나의 작은 스승들

마음은 비밀의 화원과도 같다.

나만 아는 곳이자
내가 평생 시간을 보내야 할 곳이기에
아름답게 잘 가꾸고, 보살펴 줘야 한다.

눈높이 교육이란,
눈을 낮추는 것이 아니라
눈높이를 같게 하는 것입니다.

우리는 우리 눈에 보이는 것
그 너머의 것을,
그 이상의 것을 볼 수 있어야 한다.

한 아이가 쉬통에 쉬를 하러 가는 길에 옷에 쉬를 했습니다.
그걸 본 다른 아이가 말했습니다.

"혼나겠다!"

주눅 든 아이에게 "괜찮아"라고 말하고
반 친구들에게 알려주었습니다.

"너희들은 아직 아기라서 실수하면서 크는 거야.
그렇기에 일부러 한 게 아닌데 혼내면
그 상대가 아빠든, 엄마든, 선생님이든 말할 수 있어야 해.
"실수한 거예요!"라고. 알았지?"

그 말 많던 아이들이 모두 조용해지고, 비장해졌습니다.

풀냄새를 아시나요?

잔디를 깎으면 초록초록한 향들이 주변을 채우는데
그 풀 내음이 너무나 향긋하고, 시원해서
윙윙거리는 모기도, 잔디 깎는 기계에서 날리는 먼지도
아무런 문제가 되지 않게 합니다.

잔디를 깎으며 생각했습니다.
'우리 인생도 그러할 테지.
내가 좋아하는 것으로 채운다면
불쾌한 일도, 무례한 사람도 아무런 문제가 되지 않을 테지.'

오늘 하루 우리 예쁜 자녀를
눈에 가득 채우고
좋은 것만 담는 하루가 되시면 좋겠다, 희망했습니다.

눈으로 찾아오는 나비를 발견하여 따라 뜁니다.
귀로 지나가는 헬리콥터 소리를 듣고 손을 흔들며 인사합니다.

자연으로 나올 때 비로소 모든 감각이 깨어납니다.

부모는 자녀가 살아가면서
지혜로운 선택을 할 수 있도록
바른 인성 성립을 위해 애써야 한다.

바른 인성은 하루아침에 완성되지 않는다.

아이들은 부모의 말보다 행동을 보며 자라기에
부모가 무엇을 보는지,
부모가 무엇을 듣는지,
부모가 무엇을 읽는지,
부모가 어떻게 말하는지에 있어
매사 신중할 필요가 있다.

아이를 보면 부모가 보인다.

행복을
외부에서 찾는 순간
불행해진다.

쉬운 인생은 없다.
각자의 삶에서 각자의 전쟁을 치르고 있다.

단, 우리 부모의 역할은
자신의 비극을 자신의 시대에서 끊어내는 것이다.

새 도화지를 제공해 주자.
자신의 그림을 마음껏 그릴 수 있도록……
우리는 그리하자.

세상의 귀여움을 다 담으면 네가 될까.

반짝반짝 작은 별들이
너의 두 눈에 가득 내려앉았더구나.

하늘에 잠시 머물다 가는 구름처럼
이곳에서 잠시 머물다 갈 아이들이
예쁜 꿈을 꾸며 자라나길 기도합니다.

오늘 아침,
초록빛 잔디 사이사이 갈색 잔디를 보았습니다.

푸르고, 높아진 하늘에 감탄하면서도
시들어 가는 잔디에
아쉬워하는 것이 사람 마음입니다.

아이들의 성장도 이러할 테지요.
발달하고, 성숙하는 것에 감탄하면서도
부모의 손길이 점점 더 필요 없어짐에
아쉬워하는 것이 부모 마음입니다.

나의 작은 스승들

덥다고 양말을 벗고 싶다고 했습니다.
그래서 알았다고 했습니다.

그런데 한쪽 양말만 벗는 게 아니겠습니까.
왜 다른 한쪽은 마저 안 벗냐고 물으니
이제 안 덥다고 했습니다.

이처럼 아이들은 어른의 머리로는 이해할 수 없는
결정을 내리기도 합니다.
하지만 이유를 물어보면 나름의 논리가 있습니다.

그렇기에 화창한 날에 장화를 신겠다고 하는 등
어른의 상식선에서 아이들이 터무니없는 주장을 한다면
이유를 물어보고,
그 결정에 따르는 결과(발에 땀이 찰 것이다)를
설명해 주고
아이의 결정을 따라주세요.

불편함은 아이의 몫입니다.

그로 인해 부모의 말이 옳다는 것을 몸소 경험하게 될 것이고,
이런 일들이 반복하다 보면
나중에 부모의 말을 허투루 듣지 않게 될 것입니다.

너의 속도에 맞춰.
너의 보폭에 맞춰.
한 걸음. 한 걸음.

너와 함께한단다.

나뭇가지에 매달리려고
발가락 끝까지 힘을 실어
도전하는 아이들의 모습에서
나는 오늘도 배운다.

아이들도 이처럼 노력하는데,
왜 우리 어른들은
발가락 끝까지 힘주어 노력하지 않는가.

더도 말고.
덜도 말고.

아이처럼만.
아이만큼만.

시간.

보이진 않지만,
성장해 가는 아이들을 보면서
시간의 아름다움을 함께 봅니다.

종종 어머니들이 아이들이랑 놀아주면
힘들지 않으시냐고 질문하십니다.

놀아주면 힘들지 모르나
함께 놀면 재밌습니다.

그러니 놀아주지 마세요.
함께 노세요.

잔디를 베개 삼아.
하늘을 이불 삼아.
바람을 벗 삼아본다.

날이 뜨겁다 해서 늘 더운 것은 아니며,
비가 온다고 해서 늘 비만 내리진 않는다.

적당히 양산과 우산을 구분하여 사용하면
될 일이다.

우리에게 필요한 건
불평이 아닌 대처 능력이다.

받으세요.

제가 드리는 가을이에요.

심장이 멎는 줄 알았네.
너무 예뻐서.

형용사는 중요하다.
평범한 가을 하늘이 손가락 액자 모양에 따라
하트 하늘, 세모 하늘, 네모 하늘, 동그라미 하늘이 된다.

형용사는 중요하다.
같은 마음도 예쁜 마음, 감사하는 마음, 축복하는 마음,
긍휼이 여기는 마음이 있는가 하면
시기, 질투하는 마음도 있다.

어떤 형용사를 선택할 것인지는 우리의 몫이다.

자연보다 더 좋은 교구는 없고,
자연보다 더 좋은 선생도 없다.

아이들의 성장을 바라볼 수 있음은
가장 큰 선물이며, 기적이다.

내가 가을을 좋아하는 줄 알았는데,
가을을 데려온 너를 좋아한 거였다.

꼬물꼬물 움직이는
너의 분주한 손가락의 촉감이 좋아
나도 모르게 엄마 미소를 짓고 있으면
어느새 반지와 팔찌가 완성된다.

행복한 사치다.

너의 눈이 머무는 곳에
나의 눈이 머문다.

너의 눈이 머무는 곳에
나의 마음이 머문다.

나의 작은 스승들

아이들의 눈부신 성장은

우리에게 감동이 된다.

홀로 설 수 있어야
함께 설 수도 있다.

나의 작은 스승들

아이들이 가장 좋아하는 감은?
바로 성취감이라고 생각합니다.

집중할 때 나타나는 진실의 미간의 결실이
늘 성공을 암시하진 않아요.

하지만, 우리 아이들은
언제나 '포기' 대신 '도전'을 선택합니다.
우리 어른들이 믿고, 기다려만 준다면
언젠간 성공하더라는 거죠.

나의 작은 스승들

"맨날 똑같은 놀잇감으로 안 심심해요?"
아이들을 관찰하다 보면
그들의 상상력은 어른의 상상력을 넘어설때가 많습니다.

똑같은 보자기 한 장이
어느 날엔 유령이 되기도 하고,
어느 날엔 경찰 모자가 되기도 하고,
어느 날엔 드레스가 되기도 하고,
어느 날엔 망토가 되기도 하고,
어느 날엔 가방이 되기도 하고,
어느 날엔 침대가 되기도 하고,
어느 날엔 이불이 되기도 하고,
어느 날엔 해먹이 되기도 합니다.

그렇기에 아이들에게 장난감을 줄 때
사용법을 알려주지 마세요.
사용법이라는 것에 제한을 두는 순간
아이들의 상상력에도 제한을 두는 것과 같으니 말이죠.

"다 숨었니?"라고 물으면
"네!"하고 그 예쁜 얼굴을 보여주면
그 귀여움을 어찌 내가 다 감당하니.

천사를 만난 적이 있으신가요?
저는 매일 천사들을 만납니다.

가을이 깊어질수록
너를 향한 사랑도 짙어진다.

감사한 것을 찾다 보면
감사할 것만 보인다.

그리고 그 시작점은
언제나 너다.

이 쪼꼬만 손에 붙들리면
내 영혼도 줄 수 있을 것만 같아.

잠자리를 보며 환호하는 아이들을 보며 생각합니다.

우리 어른들의 역할은
작은 변화를 알아차리고,
그것에 기뻐하는 아이들의 아이다움을
오랜 시간 지켜주는 것이라고.

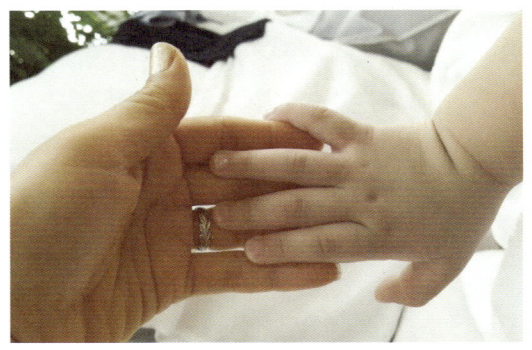

행복한 엄마를 보고 자란 아이는
자기 자신도 행복해지는 방법과
긍정적으로 삶을 대하는 태도를 형성합니다.

마음으로 안아주세요.

너와 맞잡은 작은 손의 온기가
마음으로 전해졌다.

부모가 자녀에게 이어 주어야 할 것은
재산이 아닌 정신이다.

꽃길만 걸을 순 없지만
네가 걷는 그 길이 꽃길이 되길
나는 기도한단다.

아이들의 성장이라는 기적을
가장 가까이에서
가장 뜨겁게 경험하기에
하루하루가 감사뿐.

나의 작은 스승들

모든 것에는 다 때가 있습니다.

내 자녀가 또래 친구들보다 작으면 엄마들은 걱정합니다.
내 자녀가 또래 친구들보다 발달이 더디면 엄마들은 걱정합니다.

왜 걱정을 할까요?
내 자녀의 속도가 걱정되는 이유는 무엇일까요?

엄마의 책임이라고 생각하기 때문입니다.
엄마의 탓이 아닙니다.

꽃에도 저마다의 계절이 있듯이
아이들도 저마다의 계절이 있습니다.

조급함보다는 여유로움으로.
불안함보다는 평안함으로.
죄책감보다는 감사함으로.
내 자녀의 속도를 기다려보는 것은 어떨까요?

모든 것에는 다 때가 있으니까요.

아이들이 발전할 수밖에 없는 이유는
아이들은 한계 설정이란 게 없다.
오직 어른만이 한계를 정한다.

자신의 기준으로 자녀를 재단하지 말자.

나의 작은 스승들

'행운'의 의미를 생각해 보신 적이 있으신가요?
'행운'의 사전적 의미는 〈좋은 운수, 또는 행복한 운수〉를 뜻합니다.
하지만, 그 한자를 보면
행운_"다행 행"의 "옮길 운"이에요.

행운이라고 하면 소위 "좋은 일"을 뜻한다고 생각했지만
그 진정한 의미는 "다행히 옮겨지는 것"
즉, 하루하루가 무사한 것이 곧 행운이라는 말이었던 것이었지요.

오늘도 다행이었다면 행운의 날이랍니다.

지금, 이 순간이 영원하길 바라게 된다.

엄마가 소중하게 품었던 아기를 드디어 만나는 날,
기쁨과 설렘은 출산의 고통을 잊게 합니다.

그리고 눈만 깜빡여도 신기했던
인형 같던 생명체는 하루하루 다르게 성장하더니
방긋방긋 웃어주기도 하고,
쫑알쫑알 대답도 해줍니다.

그렇게 우리는 매일
기적 속에 살고 있습니다.

좌우로 몸이 흔들흔들하면서도
그는 묵묵히 앞으로 나아갔습니다.

우리도 그래야 하지 않을까요?

아이 중 편식이 있는 아이들도 있습니다.

이는 지극히 자연스러운 모습으로
부모의 잘못도, 자녀의 잘못도 아닙니다.

부모와 교사의 역할은
아이가 편식하는 음식에 자주 노출되게 도와주고,
무엇보다 어른이 먼저 맛있게
잘 먹어주는 모습을 보여주는 것입니다.

아이들은 어른의 말이 아닌
행동을 보고 배우기 때문입니다.

지금 안 먹어도
내일 먹을 수 있습니다.
내일 안 먹어도
훗날 커서 먹을 수 있습니다.
포기하지 않고 꾸준히 노출시켜 익숙하게 만드는 것.
바로 우리 선생님들이 매일 하고 계십니다.

기다림으로. 설렘으로.

맹자는 말했다.
"배고픈 자는 음식을 가리지 않는다."

그러므로 내 자녀가 밥을 잘 안 먹는다면 생각해 봐야 한다.
'내가 무슨 간식을 주었던가.'

나의 작은 스승들

말을 조리 있게 하지 못하는 영유아기 때는
불편한 감정이 올라올 때
울음이나 짜증으로 설명할 수 없는 불쾌감을 표현한다.

이때, 반응하는 부모의 방법은 제각각이다.

또 투정이냐며 혼내는 부모.
알아서 그치겠지 무시하고 자리를 피하는 부모.
불편함이 무엇인지 즉각 해결하려는 부모.
감정의 언어를 찾아 표현할 수 있게 돕는 부모.

영유아기 때 불편한 감정을 부모가 어떻게 해소해 주는지를 보며,
부모의 대처법을 통해 자녀는 삶 속에서 체득한다.

그리고 이는 앞으로 자녀가 살아가면서
문제를 직면할 때마다 사용될 지침서가 된다.

내 자녀가 문제를 직면했을 때,
불평만 하고 있길 원하는가?
문제를 회피하길 원하는가?
무조건 남 비위를 맞춰주길 원하는가?
문제를 직시하고 해결하길 원하는가?

자녀는 당신의 모든 것을 보고 배우고 있다.

한 아이가 교실로 가지 않고, 복도 벽을 보고 앉아선
담임선생님 말에 미동도 하지 않고 있었습니다.

무슨 일인지 물으니

오늘 기분이 안 좋다며
스스로 기분이 풀어질 때까지
기다려줘야 한다고 말했습니다.
기분이 안 좋다는 아이를 쳐다보았습니다.

토라져선 벽에 이마를 붙였지만
벽과 맞닿은 이마 및 공간으로
큰 눈동자는 우리를 향하고 있었습니다.
안 보는 척하며 우리를 관찰하고 있었습니다.

피식 웃음이 났습니다.
한 품에 폭 안길 그 아이가

나의 작은 스승들

조그만 등을 내밀고
자기 감정을 몸으로 표현하고 있는 모습을 보노라니 감사했습니다.

부정적인 감정은 마냥 나쁜 것만은 아닙니다.

마음껏 토라질 수 있는 곳.
마음껏 울 수 있는 곳.
마음껏 화낼 수 있는 곳.
마음껏 짜증 낼 수 있는 곳.

그런 곳이 있고, 그런 상대가 있다는 건
그만큼 나의 감정을 받아준다는 믿음에 기반을 둔 것이기에

아이가 그런 감정을 내비칠 때

"또 왜 이러니?"가 아닌
'내가 너를 사랑한다는 것을 아는구나. 네가 나를 믿어주는구나.'
라고 생각하고
그 아이의 마음에 부응해 주는 것이
우리 어른의 역할이라고 생각했습니다.

아이들은 가르치는 대상이 아닌
어른이 먼저 본을 보여줘야 하는 대상입니다.

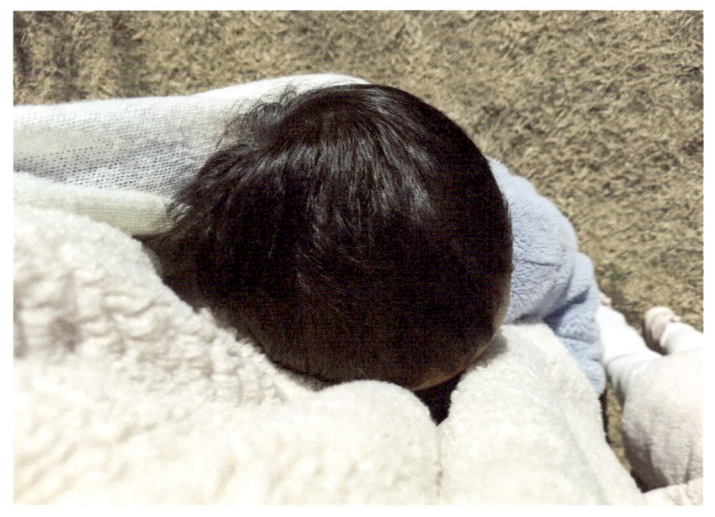

너를 품에 안고 있노라면
온 세상을 다 가진 느낌이지.

모든 것은 '알아차림'에서 시작된다.

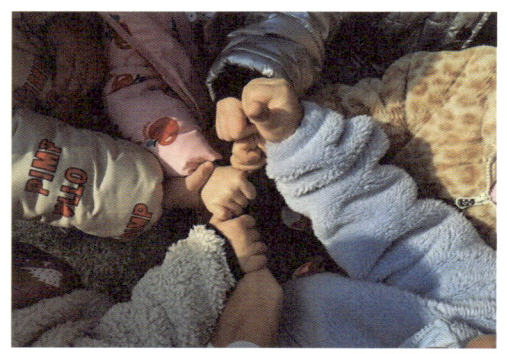

차례를 기다리며 질서를 배우고
주어진 순간을 영원처럼 즐긴다.

놀이가 배움이 되는 공간은
바로 자연입니다.

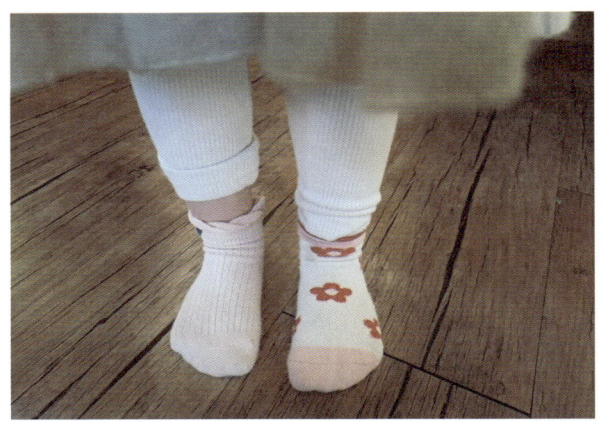

저는 아이들의 권리에 관심이 많습니다.
아직 자기들의 권리를 모르는 아이들에게
본인들의 권리가 무엇인지 알려주는 것이
교사의 역할 중 하나라고 생각하기에
생활 속에서 아이들에게 알려줍니다.

그중 하나가
"실수할 수 있어!"입니다.

반복되는 실수를 통해 경험이 쌓입니다.
반복되는 실수를 통해 성장하게 됩니다.

실수를 혼내기보단
실수를 만회하는 방법과 기회를 주세요.

행복한 아이가

행복한 어른이 됩니다.

엄마의 출근 시간이든,
자녀의 등원 시간이든,
"늦었다"는 이유로
대신해 주다가
정말 늦어 버릴 수 있습니다.

자녀의 발달을 도와주세요.
기다림으로.

가을바람만큼이나 몽글한 감정이 마음을 스쳤습니다.

파란 하늘.
푸른 나무의 잎사귀.
파릇파릇한 잔디.
바람의 소리.

자연이 너에게 주는 선물이란다.

아이들이 제일 좋아하는 놀잇감은
블록도, 자동차도 아닙니다.

바로 책과 자연입니다.

아이들이 책을 얼마나 좋아하는지
책을 읽어주면서 아이들의 표정을 관찰해 보세요.
아이들의 두 눈은
밤하늘의 별 보다 더 초롱초롱 빛나고 있을 거예요.

나의 작은 스승들

사랑이라 말하고
교육이라 말하며
너를 내게 맞추려고 했던가.

나도 정답이 아니면서.

세상을 살아감에 있어
나를 믿어주는 사람은
딱 한 사람만 있어도 됩니다.

자녀에게 필요한
그 딱 한 사람은
바로 당신이어야 합니다.

나의 작은 스승들

어제보다 오늘.
오늘보다 내일.
더 나은 사람이 되고 싶었던 이유는
언제나 너였다.

겨울도 끝이 있고,
가품도 끝이 있고,
태풍도 끝이 있다.

고난의 순간도 영원하지 않다.

달이 가장 기울 때가
차오르는 시점이다.

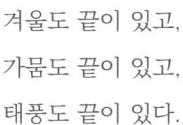

부모가 된 우리는
본인의 어린 시절을 잊지 않고,
그때의 나로 돌아가
현재의 자녀와 눈높이를 맞추는 것이다.

자신의 어린 시절이 행복했다면
그것을 기반으로 양육하고,
자신의 어린 시절이 불행했다면
그것을 반면교사 삼으면 된다.

상처받은 자신의 어린 시절을 물려주지 말자.
세상의 모든 아이는 행복할 권리가 있으니까.

행복은 이처럼 가까이 있는 것이련만.
우리는 그것을 보지 못하고, 바라기만 한다.

인형일까.
사람일까.

사랑이지.

나의 작은 스승들

부모가 자식을 키우는 줄 알지만,
자식이 부모를 키워주고 있었다.

성숙한 인간으로.

나의 작은 스승들

어둠이 깃든 공간에도
밝은 불빛 하나로 주위가 환해집니다.
마치 우리 자녀의 존재처럼요.

교사의 가장 큰 보람은
아이들의 기적 같은 성장을 보는 것이고,
가장 큰 아픔은
아이들과의 이별을 준비해야 하는 것이다.

저 작은 손 내가 이만큼 키웠는데,
저 작은 발 내가 마사지해 줬는데.

아이들의 웃음에 선생도 따라 웃지만,
얼굴과 마음은 같은 페이지가 아닙니다.

아직도 이별이 서툰,
매년 이별이 낯선,
저희는 보육교사입니다.

어느새 졸업이다.

너의 눈이 머무는 곳에 나의 눈이 머물고,
너의 발이 움직이는 곳에 나의 발이 따랐다.

그렇게 너의 성장 속엔
언제나 우리 선생님들의 손길과 관심이 있었음을
그렇게 너는 사랑받았음을 잊지 말고,
따뜻한 사람이 되려무나.

나의 작은 스승들

그리고 다시 봄,

인생의 겨울 길을 걷고 계신 당신에게
해주고 싶은 말이 있습니다.
그럼에도 불구하고
봄은 반드시 온다고.

Epilogue

저는 박사학위를 가진 보육교사가 꿈이었습니다.

보육교사 자격증은 취득하기가 어렵지 않았고,
보육교사가 되기 위한 문턱이 낮았던 만큼
보육교사에 대한 사회적 인식이나 지위 역시 그만큼이었습니다.

업무량에 비하면 박봉으로 느껴지는 월급, 부모들의 다소 무례한 요구들,
수시로 존중 받지 못하고 있다고 느끼도록 하는
이 직업에 종사하면서 떠오른 생각은,
보육교사로써 전문성을 가져야 한다는 것이었습니다.

하지만,
바람과는 달리 보육교사로 근무한 지 10년이라는 시간이 지났지만,
보육교사들을 향한 세상의 인식과
법적 처우는 크게 개선되지 않았습니다.
아동학대 사건이 일어나면
언론매체에서는 항상 보육교사의 처우 개선을 말하지만,
피부에 와닿는 변화나 제도적 장치의 대처는 미비합니다.

보육교사에 대한 인식이 현재와 같은 것에는
교사 자신들의 인식에도 문제가 있습니다.
대다수의 보육교사가 자신이 직접 아이를 낳아 키워봤기 때문에
보육교사의 길을 쉽게 생각하는 이들도 있고,
보육에 대한 전문적 지식보다는 경험에 의존하는 경향이 크기 때문입니다.

보육 현장에 몸담은 일부 교사들은 아이들을 사랑하는 마음보단
생계 수단으로써 선택한 길이었기에
최저임금, 장시간의 근무시간, 고된 노동으로 지친 마음을
주변에 쉽게 던져버릴 때가 있습니다.
그 순간, 그들 곁에 있는 건
자신을 지킬 길이 없는 사회적 최약자, 바로 아이들입니다.
어두워진 마음의 화가 아이들에게 미치는 것 같아 늘 안타까웠습니다.

현장의 상황은 모른 채, 형이상학적 대책만을 연구하였던 위정자들은
현장에서는 지켜주지 못할 아동 인권을 위해 CCTV 설치를 의무화하고
평가제만 강화하는 등 현장 교사들의 공감을 조금도 얻지 못한,
탁상공론에 지나지 않는 대책을 세운 게 전부였습니다.

아이들을 사랑하지 않는다면,
아이들을 존중해줄 수 없다면,
보육교사의 길로 들어서면 안 될 일입니다.
보육교사는 무엇보다 사명감이 수반되어야 합니다.

순수한 사명감을 잃지 않은 보육교사가 있는 현장이라면,
과연 복잡한 평가제 절차나 기준이 반드시 필요할까요?
보육의 질이나, 영유아의 권리 존중은
높은 곳에서 낮은 곳으로 흐르는 물처럼
자연스러운 일이 되지 않을까요?

비록 저는 보육 현장을 떠났지만,
오늘도 일선에서 아이들을 위해 자신의 모든 것을 제공하며,
근무하고 계시는 어린이집 선생님들을 위해 이 책을 바칩니다.

※ 이 책의 수익금은 전액 아이들을 돕는 곳에 사용됩니다.

나의 작은 스승들

2025년 5월 15일 1쇄 발행

지은이 | 박쌤

표지제작 | 이주영
책임편집 | 이경민
디자인 편집 총괄 | 이경민

발행처 | 마이티북스

저작권자 | 박쌤

ISBN 979-11-989893-3-8

출판사 연락처
전화 | 010-5148-9433
이메일 | novelstudylab@naver.com
홈페이지 | http://마이티북스.com/

이 책은 저작권법에 따라 보호받는 저작물이므로
무단전재와 무단복제를 금지하며,
이 책 내용의 전부 또는 일부를 이용하려면,
반드시 저작권자들과 출판사의 서면 동의를 받아야 합니다.

정가는 책 뒤표지에 표기되어 있습니다.
파본이나 잘못된 책은 구매한 서점에서 교환해 드립니다.